AF611595

LE

CHATEAU

DE LAVAL

par

M. L.-J. MORIN DE LA BEAULUÈRE

LAVAL

AUGUSTE GOUPIL, IMPRIMEUR-LIBRAIRE

—

1892

LE CHATEAU DE LAVAL

LE

CHATEAU

DE LAVAL

par

M. L.-J. MORIN DE LA BEAULUÈRE

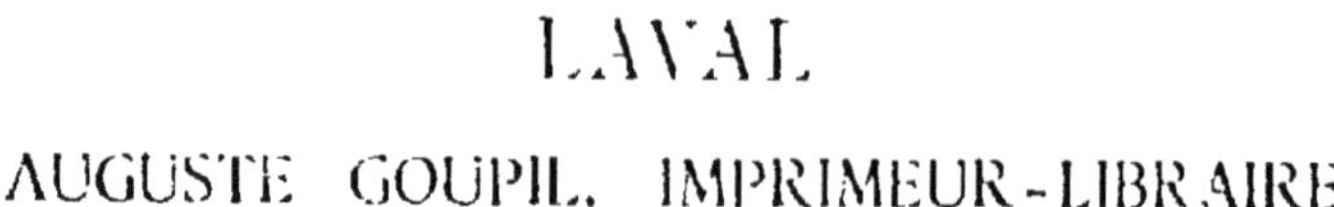

LAVAL

AUGUSTE GOUPIL, IMPRIMEUR-LIBRAIRE

1892

CHATEAU DE LAVAL

(MAYENNE)

Et d'avril au commencement,
Monsr fist prendre fondement
Soubz la mothe de son chasteau,
Desirant faire de nouveau
Ung très sumptueux édifice
Qu'on dict luy estre moult propice.
Floridas, portier du chasteau,
A cil édifice nouveau
En charge, par mondict seigneur,
Qui y acquiert bruyt et honneur.

LE DOYEN (*Chronique Métrique de Laval*, année 1508).

LAVAL, ville du Maine, était la capitale d'une des plus anciennes et des plus grandes seigneuries de France, qui jusqu'au XVe siècle, relevait à foi et hommage de ce comté, dont alors elle faisait partie. Son territoire était fort étendu, un grand nombre de paroisses en relevaient. Elle était formée de plusieurs châtellenies, anciennes forteresses, qui l'entouraient et lui servaient comme d'avant-postes. Placés sur les limites des marches du Maine et de Bretagne, ses premiers seigneurs reçurent le gouvernement et la garde de ses frontières. Ils construisirent ces forts pour opposer une digue aux incursions des peuples Bretons et pour servir d'asile aux populations.

Chacune de ces châtellenies formait aussi comme un arrondissement féodal, ou fief, d'où relevait certain nombre de communes, dépendant du fief principal, LAVAL. Ces châtellenies étaient : Bazougers, Cossé-le-Vivien, Courbeveille, la Cropte, la Gravelle, Mellay, Montigné, Montsûrs, Ollivet, Saint-Ouen-des-Toits et Vaiges. Elles étaient munies chacune d'un château fort, où l'on entretenait des hommes pour la défense, et des offices de capitaines y étaient attachés.

Un grand nombre d'autres châtellenies avaient été érigées dans le comté par les seigneurs de Laval, à diverses époques.

C'étaient des récompenses accordées à des services rendus. Le seigneur de Laval, comme suzerain, recevait l'hommage de ces châtelains, qui lui devaient, en temps de guerre, le service de corps, et *le guet* ou la garde à son château de Laval ou dans ses châtellenies.

On ignore l'origine du nom de Laval. Les uns le font remonter à un guerrier qui se serait nommé Valla et auquel ils attribuent la fondation d'un premier fort, achevé par Guy, *Guydo* ou *Wuydo*, qu'ils lui donnent pour fils. Guy aurait donné à ce fort le nom de son père en y ajoutant le sien, *Laval-Guyon*. D'autres ne s'attachent qu'au mot latin *Vallo, Vallis*, et la situation topographique de la cité, bientôt groupée dans le vallon autour de la forteresse, rend cette étymologie assez vraisemblable. — Enfin, ce nom peut encore venir de *vallum*, lieu retranché. Cette première citadelle de Guy, ce *castrum* était situé à moitié chemin entre ses deux gouvernements de Rennes et du Mans. Les chartes des XIe et XIIe siècles lui donnent le nom de *vallum Guidonis, castrum Guidonis, burgum Guidonis* : Au XIIIe siècle, le concile de Laval est tenu *apud vallum Guidonis*. Les titres latins les plus modernes l'appellent *Lavallis, Lavallum Guidonis*. Dans une lettre de Guy de Mauvoisin (1252), écrite en français, par laquelle ce chevalier donne une rente de vingt livres pour l'augmentation d'un chapelain à la chapelle Notre-Dame de Laval, il l'appelle *Notre-Dame dou Val-Guyon*.

La seigneurie de Laval eut d'abord le titre de *baronnie*. Ce titre, fort ancien, remontait à l'époque où elle fut séparée du comté du Maine, et donnée à titre héréditaire à la famille dont les descendants l'ont possédée jusqu'à la fin du dernier siècle. Les sires de Laval sont qualifiés de *barons* dès les temps les plus reculés; sous Philippe-Auguste, la baronnie de Laval est citée au rôle des seigneuries de France, comme une des plus importantes du royaume (DUCANGE. *Glossaire, verbo : Barones*).

Notons ici que les *barons* étaient les seigneurs des villes principales des *comtés*. Le comte avait le ressort et l'obéissance du baron qui était obligé de le suivre en guerre. Le baron de Laval devait au comte du Maine huit chevaliers d'ost pour le besoin de la commune (LE BLANC DE LA VIGNOLLE, *Commentaire manuscrit sur la coutume du Maine*).

Charles VII, en 1429, le jour de son sacre, à Reims, pour récompenser le baron de Laval de son attachement à sa personne, et des services que lui et ses enfants lui ont rendus en l'aidant à recouvrer son royaume, érigea la baronnie de Laval en *comté*. Dans ces mêmes temps, la ville de Laval et le château étaient au pouvoir des Anglais. Cette érection ne put avoir un effet immédiat, le comte du Maine, Charles IV, beau-frère du roi, s'étant plaint de ce que, dans son comté, on avait érigé une seigneurie *en pareille dignité que la sienne.* A l'extinction des comtes du Maine et de l'Anjou, par la mort de Charles V, les deux provinces qui formaient leur apanage ayant fait retour à la couronne, Louis XI, en 1481, confirma et ratifia la création de la baronnie de Laval en comté, pour, à l'avenir, relever directement du roi ; Laval devint, dès lors, fief immédiat de la couronne.

Le comté de Laval fut le patrimoine d'une longue suite de seigneurs qui se montrèrent toujours grands et puissants. A chacune des époques de la monarchie, les Guy, les Montmorency et les La Tremouille, tour à tour, par les femmes, possesseurs de cette seigneurie, se retrouvent toujours faisant preuve de vaillance et de fidélité.

Nous ne faisons mention d'une forteresse bâtie, dit-on, par César au lieu où depuis fut le château de Laval, que pour faire voir combien les exploits de ce conquérant des Gaules étaient restés gravés dans la mémoire des peuples, toujours portés à lui attribuer tout ce qui, autour d'eux, avait une origine inconnue. Le château que nous voyons aujourd'hui, demeure des sires de Laval pendant une longue suite de siècles, remplaça le premier château constr[illegible] par le comte Guy, auquel Charlemagne, après avoir subjugué les Bretons, confia le comté du Maine, avec la garde des marches du Maine et de la Bretagne.

Ce premier château, suivant nos chroniques, n'aurait été que le fort commencé par Valla, beau-frère de l'empereur et père de Guy, que celui-ci aurait achevé. Valla, tombé en disgrâce auprès de Louis-le-Débonnaire pour avoir pris le parti de Bernard contre ce prince, était venu se réfugier près de son fils, le comte Guy, où il avait commencé la construction d'une forteresse. Vers 800, après de nombreuses victoires remportées sur les peuples de la Bretagne, le même comte Guy, de retour d'Aix-la-Chapelle, où il avait porté les enseignes des vaincus, avec leurs noms inscrits dessus en signe de soumission, acheva ce château. Détruit à plusieurs reprises par les barbares qui envahirent le Maine aux IXe et Xe siècles, les successeurs de Guy le relevèrent dans la même place. Ce ne fut qu'au commencement du XIe que Geoffroy ou Guy, deuxième du nom, fils de Yves IIe et de Avoise de Mathefelon, leur successeur et possesseur de cette seigneurie de 990 à 1067, construisit le château dans le lieu où nous le voyons aujourd'hui. Nous apprenons, en effet, de Le Bauld, que ce Guy retint, vers 1020, Robert de Vitré captif dans son château qu'il venait de rebâtir.

Le château, *castrum* ou *vallum*, occupait l'extrémité d'un plateau élevé. Il était composé d'une double enceinte. La première n'était qu'un simple fossé : Une charte de ce temps, en parlant du bourg du Guy, nous dit....... *castrum Guidonis sicut circumdatur fossis.* L'enceinte intérieure ou le château proprement dit, consistait en un mur garni de tours cylindriques, enfermant une cour triangulaire.

Le château, par suite du temps, a subi des modifications qui laissent difficilement juger de son état primitif. On n'y voit aujourd'hui qu'un assemblage de constructions de diverses époques dont on aurait peine à trouver la destination première. La grosse tour, ou donjon, est au sommet de l'angle formé par les bâtiments qui entourent la cour. Assis sur un rocher élevé, ce donjon dominait la vallée où coule la Mayenne, et de là on pouvait surveiller la campagne et le passage de la rivière dont les eaux venaient baigner le pied des murs. C'est, avec la partie inférieure du côté oriental, régnant sur la rue du Val-de-Mayenne, le travail du XIe siècle, appartenant à Guy II. Les fenêtres géminées qui se voient au sommet de la tour, ses longues meurtrières, des ouvertures plein-cintre dans le corps du bâtiment, remplacées postérieurement par d'autres ouvertures carrées, en fournissent une preuve évidente.

La tour, divisée en plusieurs étages, est coupée vers son milieu par une assise en pierre dite *roussard*. A sa base, sur le rocher qui lui sert de soubassement, est un appartement voûté où jamais la lumière ne pénétra, sorte de souterrain qui servit de prison. On y descendait par une trappe placée au centre de la voûte. Une porte a été pratiquée plus récemment pour servir d'entrée.

Des trois étages supérieurs, un seul, celui du sommet, est voûté en pierre. C'était là qu'était le *trésor* ou le dépôt des titres et chartes des seigneurs. Au-dessus est la chambre servant de *gaite* ou corps-de-garde, d'où la sentinelle pouvait surveiller tous les mouvements du dehors. De larges fenêtres modernes ont été ouvertes dans les appartements du milieu, ayant vue sur le pont.

Un travail de charpente remarquable par sa forme et la dimension des bois qui la composent, couronne le sommet de la tour. Les chênes séculaires de la forêt de Concise ont dû être employés à sa construction. Une de nos vieilles traditions dit que l'on trouva sur place, dans la forêt qui couvrait le terrain, les bois nécessaires aux premiers édifices de la ville. « Ce qui est digne « de remarque dans cette charpente, dit M. de Caumont, qui « visita le château lors d'une séance générale de la Société Fran- « çaise, tenue à Laval en 1853, c'est la disposition des pièces « de bois de la charpente. Une poutre verticale remplit l'office « de pivot central, puis, à la base du toit, une série de poutres « horizontales forment autour de cet espèce de moyeu une « énorme roue. Les extrémités de ces bois débordent sur le « cylindre en pierre de la tour et forment des machicoulis, c'est « à dire des consoles entre lesquelles des vides considérables

« permettaient de jeter d'énormes projectiles aux assaillants » (*Bulletin Monum.*, vol. XX, p. 27).

A l'extrémité de ce côté, qui regarde l'orient, est un corps de bâtiment en saillie sur le reste de l'édifice, de la même époque que le précédent. Il semblerait avoir été jadis isolé du reste de la construction. Son axe a une orientation régulière. Deux rangs de fenêtres plein-cintre, avec archivoltes, formant à l'extérieur un cordon entre deux, attestent l'époque du XIe siècle. Des travaux postérieurs d'exhaussement, que la maçonnerie indique suffisamment, ont été exécutés tout le long de ces deux bâtiments. On a remplacé le rang supérieur des fenêtres plein-cintre par des ouvertures ogivales et carrées, à meneaux de pierre en croix. C'est à l'époque de ce travail que le raccord des toitures a dû être fait et que les deux bâtiments ont dû être réunis, époque que nous croyons devoir placer à la fin du XVe siècle.

Dans la partie inférieure de ce corps de bâtiment se trouve la chapelle actuelle du château. Ce n'a dû être dans le principe qu'une sorte de crypte, servant à mettre de niveau avec la cour une autre chapelle superposée, celle sans doute où, du temps de LE BLANC DE LA VIGNOLLE, on disait la messe (*Mémoire manuscrit sur le comté de Laval, vers* 1650). Avant cette époque elle avait déjà subi plusieurs changements. L'établissement de la prison dans le château n'a laissé du caractère religieux de cette autre chapelle qu'une fenêtre ogivale.

Celle qui existe de nos jours est remarquable par sa belle conservation. Elle se compose de deux rangs de colonnes à fûts élancés, avec chapiteaux enrichis d'ornements, soutenant des voûtes d'arêtes et la partageant en trois nefs terminées par des absides.

On conservait dans la chapelle du château les reliques de saint Tugal. Guy, cinquième du nom, y fonda un chapitre de chanoines en l'année 1170. Il fut ensuite transféré, en 1208, par Guy VI, dans l'église de Notre-Dame-du-Bourg-Chevrel. On fit alors la translation des reliques de saint Tugal, dont le chapitre portait le nom.

Un usage, qui remontait à une haute antiquité, nous a été conservé dans une histoire de Laval manuscrite, laissée par M. de Beaulieu, ancien député de la Mayenne. Chaque année, le jour de l'Ascension, le chapitre de Saint-Tugal se rendait processionnellement dans la chapelle basse du château, pour *y fouetter le Dragon*. Une vieille tradition disait que c'était un serpent qui, au temps jadis, avait eu son repaire dans les caves du château, qu'il faisait de grands ravages dans la ville, et que le peuple en avait été délivré par un miracle.

Après un long abandon, pendant lequel elle a eu diverses

destinations, on vient d'y faire des restaurations et de la rendre au culte pour le service des prisonniers. — Ne quittons pas cette chapelle sans faire observer qu'à tort, dans une notice publiée assez récemment, on laisse croire que la cérémonie où cent huit chevaliers prirent la croix, en 1158, avec Geoffroy de Mayenne, eut lieu dans la chapelle du château de Laval ; suivant MÉNAGE, cette cérémonie se passa dans l'église paroissiale de Notre-Dame de Mayenne.

C'est sur toute cette partie du château qu'était la grande pièce, appelée la Salle des Gardes, et depuis le Grand-Commun. Sa charpente rappelle celle du Grand comble de l'église de la Trinité, dont Le Doyen fixe la date à l'année 1445.

Un nouveau corps de bâtiment fut construit, vers les premières années du XVIe siècle, au-delà de celui qui renferme la chapelle. Le médaillon sculpté sur la chaire de l'église Saint-Vénérand, représentant une vue du château, prise du couvent des Jacobins, ne donne point ce prolongement. Cette chaire, dont on ne connaît point la date, ouvrage d'un religieux dominicain de ce couvent, précéda-t-elle cette construction, on pourrait le penser d'après ce détail ; bien que par son style elle lui semble plutôt un peu postérieure.

Nous rapportons à cette même époque l'élévation du corps de logis méridional, régnant sur la Grande-Rue, où se trouvaient les appartements du seigneur, et servant aujourd'hui de logement au concierge et aux sœurs d'Evron qui desservent la prison.

On a multiplié sur la façade du côté de l'intérieur de la cour, tout le genre d'ornementation en vogue vers la fin du règne de Louis XII ; des fenêtres carrées, à menaux en pierre, accompagnées de colonnettes régnant depuis le haut jusqu'au bas, enrichies de rinceaux ; des plate-bandes de fenêtres ornées de figures fantastiques d'hommes et d'animaux ; des figures humaines à queue de poisson, etc.

Aucun chiffre ni aucune armoirie n'indiquent quels furent ceux de nos seigneurs qui se plurent à décorer aussi richement l'intérieur de la cour de leur château. Sur le tympan de l'une des fenêtres, on voit seulement une figure d'homme, tenant une banderolle, sur laquelle se répètent plusieurs fois les lettres SE, sur les angles d'une autre fenêtre, on lit encore les lettres AE, serait-ce, c'est bien douteux, la signature des artistes auxquels sont dues ces sculptures ? Ne pourrait-on aussi dans les lettres AE reconnaître le prénom en abréviatif d'Anne de Montmorency, seconde femme de Guy XVI, ou celui d'Antoinette de Daillon, qu'il épousa en troisièmes noces ? On gémit en voyant la mutilation dont ces sculptures ont été victimes, et l'état de dégradation où se trouvent ces travaux dignes du plus grand intérêt. Il est également à regretter que la destination actuelle de cet édifice prive la vue de l'intérieur de cette cour et de son ornementation vraiment remarquable.

Le château de Laval est en effet devenu, depuis le commencement du siècle, un lieu de détention. Ce nouvel usage a nécessité divers changements dans l'intérieur.

A l'extérieur, ses murs, noircis par le temps, témoignent de son antiquité, et leur importance fait voir la grandeur et la puissance des seigneurs qui y firent leur résidence. Son style de ce côté contraste tant avec celui de la cour intérieure que nous avons décrite qu'avec celui du bâtiment désigné sous le nom de Petit-Château, siège du tribunal de première instance du département de la Mayenne. Guy XVI, mort en 1531, l'avait peut-être commencé, mais il ne fut achevé que par son successeur, Guy XVII. Les augmentations que l'on vient d'y faire en font aujourd'hui un des plus beaux monuments de notre ville ; espérons que le projet de construction d'une aile parallèle à celle que l'on vient d'édifier viendra bientôt rendre complet ce travail commencé par nos seigneurs.

Plusieurs de nos rois ont séjourné au château de Laval. Charles VIII y vint deux fois. Il y fit sa première entrée le 4 mai 1487, en se rendant en Bretagne. Le Doyen, dans sa chronique, décrit les fêtes qui animèrent la ville de Laval pendant son séjour :

Les rues à grant tapisserie
Furent tendues sans moquerie
A ciel et de haut et de bas
De fines toiles et de fins draps.
Ès carrefour, jouer et dancer
Et ès tables bon vin verser,
Et bien cinq semaines ou près,
Se tint le Roy, sans faire excès...

Le 17 août suivant, le roi vint à Laval.

Pour qu'il disait assez plaisant,
Le château et motte devant....

Plusieurs ordonnances de Charles VIII sont datées de Laval. Il reçut diverses ambassades, entre autres celles des rois de Sicile, de Naples et de Hongrie, qui venaient réclamer le prince *Dyem* ou *Zizim*, fils de Mahoud II, empereur de Turquie, chassé du trône par son frère *Baïezid* Khan II.

Le Doyen donne la description de cette ambassade :

ANNÉE MIL CCCC[e] LXXXVII

Embassades de tous quartiers
Venoient au roy pour l'honorer,
Et lui apporter des nouvelles,
Donner chevaulx et robbes belles.

De drap d'or, d'argent et de soye,
Couppes d'or, azur, que c'est joye.
De Venise, de Romanie,
De Milan, aussi de Hongrie,
Vestuz d'honneur en robes d'or,
De les veoir, s'estoit grant honor.
Coueffez de drap d'or come femmes,
Dont n'estoit reputez infames.
La sermonie de leur pais
Disoient être de tel divis.
Eulx mesmes faisoient les ducatz
Dont ilz estoient farciz à grant taz.
Et quant firent entrée à Laval
Cent d'ordre estoient et à cheval,
Sans que l'un d'eulx si passast l'autre.
Devant estoient sans nulle faulte
Leurs tambourins et leurs herauls,
Et tous montez sur beaux chevaulx.
Que c'estoit honneur de les veoirs
Et la faczons de leurs harnoys.
Ceulx de Naples, semblablement,
Firent au Roy moult beau present
De chevaulx, mulles et muletz,
Chargez de coffres et coffretz
Garnis de draps d'or et de soye,
Que le Roy reçut à grant joye.

Louis XI y séjourna, François Ier y serait aussi venu suivant quelques-uns; mais Le Doyen, contemporain, si ce roi, dont il parle souvent, était venu à Laval, n'eut pas manqué d'en faire mention.

Henri IV y séjourna pendant dix jours, au mois de décembre 1589; Louis XIII, en revenant des États de Bretagne avec son frère, coucha au château, le 1er septembre 1626.

Au XIe siècle, du temps de Guy II, Laval n'était encore qu'un amas de maisons groupées autour du château. C'était le bourg de Guy, le *burgum Guidonis* de nos anciennes chartes. On lui donnait aussi le nom de *bourg Chevreau,* dénomination souvent répétée et dont nous ne pouvons retrouver l'origine. Ce bourg couronnait le plateau où était placé le château. A l'est, une vallée profonde et des marais, et au nord, la rivière de la Mayenne, lui servaient de défense. Un simple fossé le couvrait du côté de l'ouest et donnait aux habitants, en cas d'attaque, le temps de se réfugier dans le donjon ou seconde enceinte.

Le périmètre de ce retranchement, dont il ne reste aucun vestige et sur lequel nous n'avons aucun document écrit, était plus restreint que l'enceinte de murs qui, plus tard, entoura la ville. La Grande-Rue, la rue de la Trinité et la rue Renaise sembleraient circonscrire aujourd'hui ce que l'on appelait alors le *bourg de Guy.*

Un siècle plus tard, la population du bourg s'était sensiblement accrue; Guy, cinquième du nom, étendit son enceinte et construisit ces murailles élevées, flanquées de tours cylindriques, dont les restes subsistent encore de nos jours. Les ruines du premier fort, construit par Guy Ier, furent enfermées dans ces remparts.

La nouvelle enceinte s'étendait depuis la grosse tour, ou donjon du château, jusqu'aux Eperons; elle couronnait là les hauteurs qui dominaient le bourg, suivait ensuite la rue Marmoreau, la place Hardy, la rue des Fossés, la rue Neuve, le val de Mayenne et venait rejoindre l'enceinte du château à la Poterne, aujourd'hui le Roquet. Un large fossé en défendait l'approche du côté de la campagne. Le périmètre de cette enceinte avait une forme elliptique et circonscrivait, sur un développement d'environ douze cents mètres, une superficie de près de neuf hectares.

Vers la fin du XIIIe siècle, Guy VII augmenta l'enceinte de la ville d'une nouvelle défense le long de la rivière. Il avait fait l'échange, en 1265, avec Foulques de Mathefelon, seigneur d'Entrammes, du terrain en face de son château, sur l'autre bord de la rivière, où se trouve aujourd'hui le faubourg du Pont de Mayenne. Il lui avait donné en retour la terre de la Cropte, près sa châtellenie de Mellay. Ce terrain portait alors le nom de *Fiefs des Ponts de Mayenne.*

Pour établir une communication facile avec cette nouvelle partie de son territoire, il construisit, lui ou son successeur Guy IX, comme tout porte à le croire, le pont de *Saint-Julien ;* selon nos anciens historiens, un pont aurait été primitivement élevé au même endroit par Bellaillé, seigneur de Laval, de 872 à 924. Mais les arches ogivales du pont actuel n'annoncent que le XIIIe siècle. Nous ajouterons que les anciens titres des XVIe et XVIIe siècles, que nous avons eu occasion de voir et qui concernent les terrains et maisons voisines de ce pont, lui donnent encore le nom de *Pont-Neuf.* Il est probable que ce pont remplaça le premier construit par Bellaillé. Quoi qu'il en soit, sur un des piliers on éleva, pour défendre le passage, une tête de pont qui consistait en deux tours carrées, avec courtines, formant une porte. Un pont-levis servait de passage sur une ouverture dans le tablier du pont, tenant lieu de fossé. Cette ouverture existe encore, recouverte par le pavé; on la voit en dessous. Bourjolly nous dit que de son temps les connaisseurs admiraient cette bastille, qui passait pour être d'une grande hardiesse. Détruite en 1782, sa forme nous a été conservée par une ancienne gravure, due au burin de M. Andouard, graveur à Laval, représentant le vieux pont de Laval, alors bordé de maisons des deux côtés.

Une seconde ligne de fortifications longeait la rivière jusqu'à l'étang de la Chifollière ; à son angle était une tour nommée *la Tour du Diable,* qui n'a été détruite que de nos jours. Elle se reliait aux anciens murs et une porte donnait, dans cet endroit, entrée dans la première enceinte. A l'autre extrémité, à l'entrée de la rue de Rivière, un mur joignait le Pont à l'enceinte de la ville, au fort de Mauvoisin, au sommet des éperons. Une porte laissait entrer également de ce côté.

Quatre portes principales donnaient entrée dans l'intérieur de la ville. Nous en avons, dans un autre article, mentionné deux, la porte *Beucheresse*, sur la place Hardy, et la porte *Belot-Ouaysel*, ouvrant de la rue des Chevaux sur les éperons, et allant à *Montmartin*, aujourd'hui place de Hercé ; les deux autres étaient la porte *Peinte*, au bas de la Grande-Rue et la porte *Renaise*, à l'extrémité de la rue de ce nom, du côté du bourg Saint-Martin, sur le chemin qui conduisait à la Bretagne. Cette porte, ainsi que la grosse tour cylindrique que l'on voit encore à l'angle de la rue des Fossés, avait été construite par le maréchal André de Lohéac, au commencement du XVe siècle. Elle a été détruite en l'année 1782.

La porte Peinte est aussi nommée dans les aveux des sires de Laval aux comtes du Maine, *porte Bourdigal* ou *Bourdiguet*. Elle donnait entrée dans la ville devant le passage de la rivière. C'était, du temps que l'eau venait baigner le pied des murailles, avant l'existence du val de Mayenne, la principale entrée de la ville.

Les seigneurs vassaux du baron de Laval devaient service de garde à ces portes. Les seigneurs du Boisgamats, de Chantelou, de la Coconnière, etc..., y venaient en temps de guerre, *montés et appareillés suffisamment, suivant leur estat; chevalier comme chevalier, escuyer comme escuyer*, faire la garde pendant quinze jours et quinze nuits, à leurs frais, et si on les retenait plus de temps, le suzerain était chargé de l'entretien. Le seigneur de la Coconnière y amenait ses vassaux, qu'il était chargé de *semondre* (avertir, assigner, du latin *submonere*). Un aveu de Guillaume Ouvrouïn, seigneur de cette terre, de l'année 1356, nous donne le détail des armes dont chacun devait se munir. « Les hommes « de Pontperré devront être armés d'un arc o deux scestes et o « un boulon ; ceux du petit Boëssay auront une vouge, le sei- « gneur de Niafles viendra avec une lance, une épée, une coëffe « en fer et un gambesson, les seigneurs de la Lardière et de la « Marche, chacun une lance, un pourpoint, une épée et une « coëffe de fer. D'autres devront s'armer d'une miséricorde, « d'un cornuau de bois, d'une hasche anglesche, d'une pioche, « d'un broc, etc..... Guillot de Barbé devra avoir une lance, « une coëffe de fer et une cotte gambessière, etc..... » (Aveu de messire Guillaume Ouvrouïn, seigneur de la Coconnière, année 1356). La porte Peinte d'un côté était reliée au château et de l'autre au fort Mauvoisin, sur les éperons. Elle a été détruite vers 1752, suivant une date que porte la maison qui a remplacé le mur du côté du château, au pied de la tour.

Henri IV, après être monté sur le trône, fit détruire dans nos pays un grand nombre de maisons de campagne et châteaux garnis de murs et fossés, petits forts qui auraient pu servir encore de retraite à quelques débris de la Ligue. Les murailles de la ville de Craon qui lui avaient résisté pendant longtemps, et devant lesquelles ses généraux avaient reçu un échec, furent rasées : Il eut le dessein de détruire les murs de la ville de Laval, et donna ordre à M. de Montécler, alors gouverneur de la ville pour le roi, de démanteler ses fortifications. Quelque temps après, une seconde lettre lui ordonne de surseoir à ce premier ordre. Il lui écrivait, à la date du dernier jour de novembre 1594 :

« Monsieur de Courcelles, encore que j'aye cy devant trouvé « bon que l'on démolisse l'esperon et quelques autres fortifica- « tions faictes en ma ville de Laval, ayant néanmoings depuis « esté adverty du préjudice qu'en recevra mon service pour le « présent, j'ay résolu supercéder encores pour quelque temps « la dite démolition, vous en ayant donné advis afin que vous « faciez incontinent cesser ceulx qui y pourront travailler et « empescher qu'il ne soit passé oultre, dont vous tiendrez aussi « adverty les habitants de ma dite ville de Laval, affin que vous « et eulx ayez à vous conformer sur ce à ma volonté, laquelle « m'asseurant que vous ferez suivre et observer je priray Dieu « qu'il vous ayt, Monsieur de Courcelles, en sa sainte garde. »

« Escript à Creil le dernier jour de novembre 1594, signé Henry, plus bas Potier » (Sur l'original aux archives du château de Montécler).

Les seigneurs de Laval ont par des concessions successives aliéné la ceinture des murs de la cité qui sont devenus propriété particulière. Dans ces aliénations, le cas de guerre fut toujours prévu, et ils devaient retourner au seigneur. Par suite d'un long repos ils sont presque tous entièrement démolis. Aujourd'hui il n'en reste que quelques rares débris. On peut néanmoins encore juger de leur importance, surtout dans des temps où l'on ignorait tous les moyens de destruction comme de nos jours.

Cinq races se succèdent pendant les dix siècles que cette seigneurie appartient à la maison de Laval : ce furent *les Guy*, les *Montmorency*, les *Montfort*, les *Rieux et Coligny*, et les *La Trémoille*. Une loi de famille leur imposa le nom de *Guy*, consacré par un privilège du Pape Paschal II, en mémoire de la bravoure de Guy IV contre les infidèles. Dans le cadre qui nous est donné, nous ne pouvons tracer qu'un tableau rapide de l'histoire de ces seigneurs.

Ses commencements sont obscurs et plus ou moins authentiques. Valla, avons-nous déjà dit, disgrâcié par l'empereur

Louis-le-Débonnaire, vint, croit-on, bâtir un fort au milieu des forêts qui, à cette époque, couvraient nos pays, frontières de la Bretagne. Guy, son fils, vaillant capitaine, lui succède. Il épouse *Adeltrude d'Anjou*, sœur de Roland-le-Preux, comte d'Anjou et du Maine, célèbre dans tous nos romanciers du moyen-âge.

Guy, premier du nom, eut le gouvernement du Maine et de l'Anjou à la mort de Roland. Après de grandes victoires remportées sur les Bretons, il les réduit à l'obéissance de l'empereur. Son nom se retrouve au cartulaire de Redon, il y prend le titre de comte de Vannes, *Wuydo comes in Venediæ*. Revenu victorieux dans son gouvernement, il bâtit ou acheva le château, origine de la ville de Laval. En guerre continuelle avec les Bretons, tantôt vainqueur, tantôt vaincu, il succomba enfin dans une embuscade contre Lambert, comte de Nantes, qui, retiré vers 842, dans le pays Craonnais, y construisait une forteresse d'où il inquiétait tout le pays.

Il laisse d'Adeltrude d'Anjou, trois enfants. L'aîné, *Gauzebert*, comte du Maine, tue dans un combat le comte Lambert, et venge ainsi la mort de son père. Il est lui-même tué par les Nantais, après avoir possédé le gouvernement du Maine pendant trente-cinq années.

Vivien, le deuxième fils de Guy, est un des lieutenants de Charles-le-Chauve. De Rennes, où il avait établi le siège de son gouvernement, il rejeta les Bretons jusqu'à Vannes. Il est à son tour repoussé. Charles vient à son secours et défait, en 852, les Bretons dans un combat près du bourg de Cossé, sur les confins du Maine, de l'Anjou et de la Bretagne. Vivien perd la vie dans cette bataille ; son corps est abandonné aux bêtes féroces. C'est, dit-on, depuis ce tragique événement que *Cossé* a pris le nom de *Cossé-le-Vivien*.

Guyon, troisième fils de Guy, devenu possesseur du Château de Laval, sert Charles-le-Chauve et Louis-le-Bègue. Il eut à souffrir des invasions des hommes du Nord ou *Normans*, qu'avait attirés le comte Lambert, et qui ravagèrent le Maine et l'Anjou. Deux fois ils détruisirent son château. Guyon accompagna Charles dans son expédition contre ces barbares ; en 865, il fut, avec ce prince, au siège d'Angers. — Il épousa *Ingonde, dame d'Avénières et du Bourg-Hersent*. Cette dame se plaignait de ce que le Château de Laval avait été construit sur son territoire ; ce mariage mit un terme à ces plaintes.

Guyon reçoit à Laval les reliques de saint Tugal, évêque de Tréguier au VIIe siècle. L'évêque Guaranus, fuyant devant la dévastation des Normans, emportait avec lui les reliques de ce saint. Il s'arrêta au Château du baron de Laval, et lui fit l'abandon d'une partie de son précieux fardeau. Ce saint est devenu patron d'un chapitre de chanoines dans la ville.

Yves, petit-fils de Guyon, lui succède, et laisse la baronnie de Laval à *Bellaillé,* son oncle. Au temps de Bellaillé, vécut près de lui un saint personnage, Berthevin, originaire de la Neustrie. Devenu un des familiers du château, sa réputation de sainteté excita la jalousie des autres serviteurs de la maison qui le tuèrent. La grotte où ce saint homme passait son temps en oraison se voit encore près Laval, sur le bord du Vicoin, dans la paroisse qui depuis fut appelée Saint-Berthevin. On attribue à tort à Bellaillé, nous l'avons dit plus haut, la construction du vieux pont actuel. Il bâtit seulement, un peu au-dessous, les moulins, détruits depuis quelques années, qui portaient son nom.

Il mourut en 924 ; *Yves II,* son fils, lui succède ; de concert avec *Aboise de Mathefelon,* sa femme, il fonde l'aumônerie de Saint-Julien.

Hugues, leur fils, que l'on nomme aussi *Geoffroy,* hérite de la seigneurie en 960. Il épouse *Berthe,* fille unique de *Robert de Blois,* seigneur d'Évron et de la Champagne du Maine. Ils contribuèrent à restaurer l'abbaye d'Evron que les Normands avaient détruite.

Hugues meurt en 990, et laisse pour successeur son fils aîné, *Geoffroy,* qui prend le nom de *Guy II* (Il est le premier mentionné dans l'*Art de vérifier les dates*). Tous ses efforts tendirent à civiliser les populations réunies autour de lui. On lui doit un grand nombre de fondations religieuses et d'érection de paroisses. Il construisit le Château dans le lieu où nous le voyons aujourd'hui, et y retint en 1020, on ne sait pour quel motif, Robert de Vitré, prisonnier. *Inoguen,* mère de Robert, obtint sa liberté moyennant diverses concessions de terres.

En 1024, Guy II érige en prieuré et donne aux moines de la Couture du Mans, l'église de *Notre-Dame-des-Périls,* paroisse primitive du *Bourg-Chevrel,* et berceau du christianisme dans nos contrées. — Vers 1040, entraîné par les eaux en passant la rivière de la Mayenne, vis-à-vis son Château, il implore la Vierge et échappe au danger. Il prit terre, dit une ancienne légende, au milieu d'un champ d'avoine, où il vit *une image de la glorieuse Vierge Marie entourée de lampes allumées, comme naguère l'avoit vue Hildegarde, femme de Foulques III, comte d'Anjou, à Notre-Dame-du-Ronceray.* Il fait vœu de construire dans ce lieu une église semblable à celle de ce monastère, et y fonde un prieuré dont il donne la présentation à l'abbesse du Ronceray. — La charte de donation était scellée de son sceau, il y avait laissé *une poignée de sa barbe et de ses cheveux.* Telle est l'origine de la belle église d'Avénières.

Vers le même temps, en faveur de son fils Jehan, moine à Marmoutiers près Tours, il donne à cette abbaye un terrain et des marécages qui entouraient son bourg. Il concède le droit d'inféodation et de création d'un fief *ad burgum faciendum*, dit la charte de fondation. Les religieux y fondent un prieuré, et, peu à peu, inféodent leur territoire. Le faubourg Saint-Martin leur doit son origine.

Notre Guy, trop vieux pour accompagner Guillaume à son expédition d'Angleterre, lui donne ses fils. Il meurt en 1067, dans un âge fort avancé, laissant de trois mariages un grand nombre d'enfants ; *Hamon*, l'aîné, lui succède. Il avait accompagné Guillaume à la conquête de l'Angleterre, et y était encore lors de la mort de son père. Pour le récompenser, Guillaume donne sa nièce *Denise de Mortain* en mariage à son fils, et leur accorde pour armes un des léopards qu'il portait sur son écusson. Les armes de la maison furent alors *de gueules, au léopard d'or*, jusqu'à Mathieu de Montmorency qui reprit les alérions de sa famille. La ville de Laval conserva le léopard : On le voyait au siècle dernier sur la porte Renaise de cette ville, on les a reprises nouvellement.

Hamon mourut en 1080 ; de Hersende, dame du Bourg-Hersent, il laisse, entre autres enfants, *Guy III*, surnommé *le Chauve*, qui fut son successeur. Après avoir contesté et même repris les dons pieux de ses aïeux, la mort de *Denise de Mortain*, sa femme, lui fait faire un retour sur lui-même, il rend tout ce qu'il avait enlevé aux moines. Il avait épousé en deuxièmes noces *Cécile de Mello*.

Le cri de *Dieu le veut*, parti du concile de Clermont, retentit jusqu'à la cour du baron de Laval. Ses enfants s'enrôlent sous la *bannière de la croix*. Ils reçoivent les insignes des croisés des mains de l'évêque Hoël, dans la cathédrale du Mans. Deux seuls revinrent ; *Guy IV et Gervais*. Guy III meurt en 1095 ou 1098.

Guy IV épouse *Emma*, fille de Henri premier, roi d'*Angleterre*. Il confirme toutes les fondations religieuses de ses ancêtres. L'église de Notre-Dame-des-Périls, fort éloignée de la ville, servait toujours d'église paroissiale ; Guy IV fit aux habitants l'abandon des ruines du vieux fort construit par Guy premier ; ils y élevèrent un temple qu'ils dédièrent à la Sainte Trinité.

Le sire de Laval, à la tête des barons du Maine et de l'Anjou, accourt en 1118, à l'aide de Foulques, comte d'Anjou et du Maine, son suzerain, en guerre avec Henri, roi d'Angleterre. La bataille était déjà commencée lorsqu'arrivent les Manceaux et les Angevins, *bien marris*, disant : *qu'ils étaient malheureux d'avoir tant tardé à secourir leur seigneur, que cela leur sera tourné à couardise et Mauvaisetié*. Ils se jettent sur l'ennemi, *chacun criant son enseigne et exhortant les siens à bien faire*. Leur choc fait remporter la victoire.

Un peu plus tard, Guy se joint à la ligue formée contre Geoffroy Plantagenet, qui se montrait dur et exigeant avec les hauts barons ses feudataires. Geoffroy l'assiège dans son château de Mellay, près Laval, qu'il détruit de fond en comble. Enfin le sire de Laval fait sa paix avec le comte d'Anjou qui donne sa fille en mariage au fils de Guy. Il meurt vers 1142, laissant pour successeur *Guy V*, son fils aîné.

Guy V épouse, en 1148, *Emma d'Anjou*, fille de Plantagenet, sœur d'Henri, roi d'Angleterre. C'était la plus belle personne de son temps.

De la domination Normande, le Maine était passé aux comtes d'Anjou. A la mort de Geoffroy, il passe sous la domination Anglaise, et y reste jusqu'au règne de Jean sans Terre, où il est réuni à la France par Philippe-Auguste. Guy V reste attaché aux Plantagenets ses parents. Il aide Henri II à recouvrer son royaume contre Etienne de Blois, comte de Boulogne, usurpateur du trône d'Angleterre. Henri le fait, en 1154, son lieutenant-général en Bretagne. Guy le suit contre Raymond de Toulouse, et il assiste au siège de cette ville que Louis le Jeune force à abandonner. Il se tourne ensuite du côté des enfants du roi d'Angleterre avec Raoul de Fougères et Geoffroy de Mayenne, ce qui leur attire de la part de l'historien Mathieu Pâris l'épithète de *barons transfuges*.

Dur, sévère et irreligieux dans les commencements, Emma, sa mère et son frère Hamon parvinrent à adoucir son caractère. Il établit sur le clergé un droit de main morte. En 1150, fort de l'autorité du Pape, Guillaume, évêque du Mans, fulmine contre lui une sentence d'excommunication et met ses terres en interdit pour ses exactions contre les religieux de Marmoutiers, à leur prieuré de Saint-Martin. Guy, effrayé, s'empresse de rendre aux moines leur bien et y ajoute de nouvelles libéralités.

Le pape Lucien, par une bulle de l'année 1183, approuve le collège de chanoines que Guy avait fondé au Château de Laval. Il fut transféré depuis par son successeur dans l'église du Bourg-Chevrel, et devint plus tard le chapitre Saint-Tugal. — C'est ce seigneur qui entoura la ville de la ceinture de murs dont nous voyons encore les vestiges.

Guy VI, dit le Jeune, lui succède en 1194 ou 1196. Son premier acte fut d'abolir le droit de main morte, établi sur le clergé par son père. — Attaché à Richard Cœur-de-Lion, il le suit à la troisième croisade, et assiste au siège de Ptolémaïs ; bientôt après son retour, il fonde le prieuré d'Ollivet, pour sa fille Ozanne, qui y reçoit la sépulture. Il meurt en 1210, laissant de *Aboise de Craon*, fille de Maurice II, plusieurs enfants. Guyonnet, son seul fils, mourut en bas âge, et en lui s'éteignit la première race de la maison de Laval.

Emma, restée seule héritière de la maison de Laval, commença la deuxième race qui prend le nom de *Montmorency*, après la seconde alliance d'Emma. Suivant les coutumes d'Anjou, Maine et Touraine, lorsque l'héritage d'un grand fief tombait au pouvoir de fille, c'était au roi qu'appartenait de lui choisir un mari. En vertu de ce droit, Philippe-Auguste donne la jeune héritière de Laval à *Robert III, comte d'Alençon,* du consentement de Ahoise, sa mère. Robert meurt en 1217, au manoir de *Trancalou,* dont on voit encore les ruines dans la forêt d'Hermet. Trois années après, Emma prend pour second mari *Mathieu de Montmorency,* connétable de France. Mathieu s'engage, par cette alliance, pour lui et ses enfants, à prendre le nom et les armes de Laval avec le nom de Guy.

Mathieu II de Montmorency fut illustre par sa valeur à la guerre et par sa prudence dans les conseils. La victoire de Bouvines lui fut attribuée. *Il était,* dit un ancien auteur, *sur un grand dextrier, tenait un faussard en main et en desrompait les presses.* Il présenta au roi, après la victoire, seize bannières qu'il avait enlevées à l'ennemi : Philippe met sur son blason seize alérions au lieu de huit que le connétable avait déjà. Mathieu accompagne Louis, fils de Philippe-Auguste, depuis Louis VIII, à la croisade des Albigeois, en 1215. Pendant la minorité de Louis IX, il fut le plus ferme appui de Blanche de Castille, régente du royaume, contre les princes et barons révoltés et détruisit la ligue des mécontents, formée contre le gouvernement de cette princesse. Il meurt en 1230. Emma épouse en troisièmes noces, en 1231, après avoir consulté ses vassaux, Jean de Tocy, baron de Saint-Fargeau.

Louis IX conçoit de la défiance sur la dame de Laval et craint qu'elle ne fasse alliance contre lui avec le duc de Bretagne. Il veut s'assurer du château et de la ville de Laval. Le baron de Tocy promet fidélité au roi et s'engage à garder lui-même sa forteresse ; pour sûreté, il donne son château de Saint-Fargeau et ses terres en Bourgogne.

Ahoise, mère d'Emma, fonde en 1224, près de Laval, le prieuré de *Sainte-Catherine* et le donne à l'abbaye de la Réale, en Poitou. Elle meurt en 1230.

Emma fut une femme supérieure ; on la vit toujours généreuse envers ses vassaux, qu'elle sut s'attacher par ses libéralités. Sa mort arriva en 1265 ; son corps fut mis dans l'église de l'abbaye de Clermont ; elle fut la première à jouir de cet honneur, ses ancêtres n'ayant reçu la sépulture qu'à l'entrée (*au chapitreau*), les inhumations dans les églises étant interdites dans ces temps.

Guy VII, l'aîné des enfants d'Emma et de Mathieu de Montmorency hérite de la maison de Laval. Il épouse, en 1239, *Philippe* ou *Philippine,* fille aînée d'André III, baron de Vitré, avec de grandes seigneuries en dot. En outre, André lui promet que s'il meurt sans laisser d'enfants de sa seconde femme,

Thomasse de Mathefelon, ses châteaux et seigneuries reviendront à Philippine.

Guy VII accompagne André de Vitré, en 1248, à la cinquième croisade ; son nom y figure avec éclat. C'est de lui qu'il est question dans le poëme de Saint Louis, ou la Sainte Couronne reconquise :

» Le quatrième est Laval, dont le cœur haut et fier,
» S'exprime en son blason, s'élève en son cimier.
. . . .
» De quatre vaisseaux plats l'oriflamme escortée,
» A force d'avirons à la rive est portée.
» Angennes et Laval font leur premier effort,
» Et suivent, les premiers, l'étendard sur le bord.

André de Vitré meurt au combat de la Massoure, ne laissant qu'une fille qui meurt sans enfants. Guy, par sa femme, devient baron de Vitré, vicomte de Rennes et pair des Etats de Bretagne. Philippine meurt en 1254. Le sire de Laval épouse en deuxièmes noces Thomasse de Mathefelon, veuve d'André, son beau-père.

Charles d'Anjou, frère de saint Louis, comte apanagiste du Maine, accepte la couronne des Deux-Siciles, dont le Pape dépouille la maison de Souabe. Le sire de Laval suit le comte d'Anjou, son suzerain, à la conquête de son royaume. Il se distingue dans une bataille donnée dans les plaines de Bénévent, où Manfred perd la vie. Avant de partir pour ces guerres lointaines, il avait fait, à Lyon, son testament, en l'année 1235. Il laisse à son fils Guyon, et à ses héritiers à venir, le sceau qui avait été à son père, et le confie à la garde de l'abbé de Clermont, qui le donnait aux sires de Laval chaque fois qu'ils en avaient besoin.

La ville de Laval tend à s'agrandir, au-delà de la rivière, par l'acquisition que fait Guy VII des terres où est situé le faubourg du Pont-de-Mayenne. Lui, ou son successeur Guy VIII, réunit ce nouveau quartier à la ville par le pont que nous voyons aujourd'hui, et élève le long de la rivière l'enceinte de murs dont nous faisons mention ci-dessus. Il meurt en 1267.

Guy VIII lui succède. Il a pour femme *Ysabeau de Beaumont*. En 1268, il est avec Charles d'Anjou à la bataille de Tagliocozo, où Conrad, qui combat pour reconquérir son trône, est défait et où triomphent les Guelfes sur les Gibelins.

Guy fait partie de la malheureuse croisade où saint Louis meurt. A son retour, il se trouve au rendez-vous assigné à Tours, pour le service dû à la couronne, à cause de sa terre d'Acquigny, et suit Philippe le Hardi contre le comte de Foix, révolté. En 1283, après le massacre des Vêpres siciliennes, il mène de nouveau ses vassaux au secours de Charles d'Anjou, et se trouve ensuite à Bordeaux comme témoin du combat entre Charles et Pierre d'Aragon, où devait se décider le sort de la Sicile. Pierre manqua au rendez-vous.

Ysabeau était morte ; Guy épouse en deuxièmes noces *Jehanne de Brienne*, en 1286. Il était en Auvergne en 1294 avec Charles de Valois, comte du Maine. Le 22 août 1295, il meurt à l'Ile-Jourdain ; son cœur est transporté à l'abbaye de la Réale, et son corps inhumé dans l'église de l'abbaye de Clermont.

Guy IX portait le surnom de *la Croix dé* (*La croix de par Dieu*), c'était son jurement habituel. Il s'accommode avec sa belle-mère, Jeanne de Brienne, pour son douaire, et lui donne la *moitié des joyaux et des ménages. Elle a soixante écuelles d'argent, trois pots d'argent à vin et deux à eau, deux plats d'argent à entremets, un bassin d'argent à main laver, toutes les couronnes, chapeaux, anneaux, fermaux, ceintures et attreints pour son corps.*

Le sire de Laval donne à André, son frère, *une espée.* Il conserve pour lui *la coupe qui fut à Thomas de Cantorbery, la coupe fleuretée et autres joyaux,* un *escu* (scutum) *d'or, qui anciennement appartint aux seigneurs de Laval,* etc.

Guy fait la guerre en Flandre, sous Philippe le Hardi. — Charles de Valois, comte d'Anjou et du Maine, marie, en 1298, sa fille Ysabeau à Jean II, duc de Bretagne. Il demande l'aide due par ses sujets dans les trois cas de rançon du suzerain, de promotion de son fils aîné à la chevalerie, ou du mariage de sa fille aînée. Le sire de Laval se montre le plus opiniâtre dans le refus que font les barons disant : *Que le cas advenant, il ne doive l'aide requis, mais seulement service de corps et d'armes.* Ce procès, célèbre sous le nom de *Procès des Appelants,* est terminé par lettres du roi Philippe le Bel, du 27 octobre 1301. La terre de Laval est saisie et mise entre les mains du comte d'Anjou. Guy se soumet enfin, et consent à donner ce que Charles de Valois réclame.

Guy IX avait épousé, en 1290 ou 1298, *Béatrix de Gâvre,* comtesse de Fonkenberg, en Flandre. Cette alliance est pour Laval une source de richesses ; Béatrix apporta de Flandre aux Lavallois l'art de blanchir la toile et de préparer le lin. Le commerce des étoffes de laine cessa et fut remplacé par celui de la toile ; cette nouvelle industrie donna bientôt une grande célébrité à Laval.

Il meurt en 1333, à Landavran, près Vitré. Sa mort fut celle d'un chevalier sans peur et sans reproche ; *il disait, en trépassant, car nulle autre prière ne savait : Biau sire Dieu en qui je crois.* (Le Baud).

Guy X fut l'époux de *Béatrix,* deuxième fille d'Arthur II, duc *de Bretagne,* sœur de Jean de Montfort. Les querelles de ce dernier et de Charles de Blois, pour la succession au duché de Bretagne, amènent des guerres sanglantes. Guy sacrifie ses liens de parenté avec Jean de Montfort, il combat pour Charles de Blois, et meurt à la Roche-Derrien. Il fut enterré dans l'église de la Madgdeleine de Vitré. Un siècle plus tard, Anne, duchesse de Bretagne, descendue des Montfort, voulut faire briser la statue élevée sur la tombe de Guy X, disant : *Qu'il avait été le plus cruel ennemi de sa maison.* Un seul coup de marteau fut donné ; Anne arrêta cette mutilation.

Guy XI ayant été fait prisonnier à la Roche-Derrien, en combattant à côté de son père, sa mère paya pour lui une forte rançon. Le 11 février 1348, il meurt sans laisser d'enfants, au château de Vitré, des blessures qu'il avait reçues. Il repose dans le même caveau que son père.

Guy XII. Jehan, deuxième fils de Guy X, hérite de la baronnie de Laval. Pour obéir à la loi de famille, il prend le nom de Guy. De son temps, les plus grands périls menacent la monarchie. La bataille de Crécy (1346), celle de Poitiers (1356), la captivité du roi Jean mettent la France à deux doigts de sa perte. Le traité de Brétigny livre à l'Angleterre une partie du sol français. Guy ne cesse de combattre pour reconquérir les provinces cédées à l'étranger.

Pendant les guerres, paraît Du Guesclin, que la Providence envoie à la France entraînée par sa mauvaise fortune. Il se rattache à la maison de Laval par Jeanne, sa femme, fille de Jean de Chastillon.

Le Maine devient de nouveau le théâtre de la guerre. Du Guesclin bat les Anglais à Pontvallain ; Laval y combat vaillamment et contribue puissamment à la victoire. En 1372, il va en Poitou, sous les ordres du Connétable, et fait rentrer sous la domination française les villes de Poitiers, Moncontour, etc.

Rohan, Laval et Clisson résistent aux sollicitations du duc de Bretagne qui veut les entraîner dans son alliance avec l'Angleterre. Ils le menacent de l'abandonner : *Cher Sire*, lui disent-ils, *sitôt que nous pourrons appercevoir que vous serez partie pour le Roi d'Angleterre, nous vous relinquerons et mettrons hors de Bretagne.*

Charles V fait, en 1378, déclarer coupable de félonie le duc de Bretagne, et veut se saisir du duché. Les barons bretons sont prêts à se rendre aux desseins du roi, et à lui livrer leurs places. Laval, seul, ose prendre la parole et les fait revenir à eux. *On fait*, leur dit-il, *le procès au Duc, et quand les choses sont faites, on nous semond à l'exécution, pour laquelle même faire, on nous demande nos places. C'est besongner tout d'un coup de deux envers.... La principauté de Bretagne, si noble et si ancienne, sera-t-elle désormais une cense, borde ou mestairie du royaume de*

France ?.... Si nous despouillons l'Anglais pour vestir le Français, qu'avançons-nous ?... Le Roi commande partout, le Duc souvent prie, et fait justice quand il est semond, le Roi quand il veut. Après ce discours, chacun s'empresse de quitter Paris et de se retirer dans ses terres. La querelle continue et se termine enfin par le traité de Guérande, le 15 janvier 1381. — Guy en est un des principaux négociateurs.

Les Flamands révoltés contre le comte Louis, en 1382, élirent pour chef Philippe Arteveld. Charles VI, à la tête de sa noblesse, accourt au secours du comte. L'armée est arrêtée au pont de Comines, sur la Lys. Pendant que Clisson, à l'avant-garde, essaye de forcer le passage, Laval, Rohan, Saimpy et grand nombre de chevaliers, *faisant seize bannières et autant de pennons*, passent la rivière au-dessus du pont. *Les gens d'armes, qui étaient usagés à faits de guerre, vous commencent à abattre cette ribandaille, à ranverser sans déport et à occire; Là, criait-on, Laval, Saimpy, Sancerre,* etc.... A Rosbec, le sire de Laval montre sa bravoure; Arteveld est tué dans cette bataille. L'année suivante, pendant que le duc de Bretagne va à l'armée du roi, il nomme le baron de Laval, par lettres du 23 novembre 1383, lieutenant-général de son duché.

L'influence de Clisson en Bretagne donne de l'inquiétude au duc Jean ; à la suite des Etats qu'il a convoqués à Vannes, en 1387, il l'engage avec Laval et Beaumanoir à visiter avec lui ses travaux au château de l'Hermine. Clisson se rend à son invitation. Il monte au donjon; au premier étage il est saisi et entraîné dans une chambre où on l'*enferre de trois fers. Quand le sire de Laval qui estoit à l'huys de la tour ouyt et vit l'huys clore à l'encontre d'eulx, commence à frémir et entre en grand soupçon de son beau frère le connestable. Las, monseigneur, dit-il au duc, pour Dieu merci que voulez-vous faire? n'ayez nulle mal volonté sur beau frère connestable. — Montez à cheval, dit le duc, vous vous en pouvez bien aller si vous voulez. — Monseigneur, repartit le sire de Laval, jamais je ne partirai sans beau frère.* Bazvalen, capitaine du château, reçoit l'ordre de jeter à l'eau Clisson, enfermé dans un sac. Laval, les mains jointes, les larmes aux yeux, sollicite aux pieds du duc la grâce du connétable; pour réponse on lui dit : *qu'il est tard, qu'il est temps de se reposer*. Ses paroles avaient néanmoins porté fruit. La nuit du duc fut terrible. Il fut effrayé des suites du meurtre qu'il avait ordonné. Bazvalen, revenu le lendemain, annonce que l'affaire est terminée. *Maudite colère, s'écrie le duc, Dieu voulut que n'eussiez pas été aussi obéissant, mais l'affaire est pour néant.* Il resta tout le jour livré à ses remords. Le soir, Bazvalen avoue sa désobéissance et dit que le connétable est encore vivant. Jean l'embrasse et le remercie du service qu'il lui a rendu en lui épargnant un crime. Laval, revenu, apprend ce qui s'est passé et traite pour la délivrance de son beau-frère. Le sire de Laval garda la neutralité pendant les longues querelles entre le duc de Bretagne et Clisson. Il était venu habiter Laval, et ne reparut que quand il jugea sa présence nécessaire à la paix. Dans un âge fort avancé, il fut tuteur de Jean le Bon, duc de Bretagne, fils de Jean IV.

Guy XII eut deux femmes, *Louise de Châteaubriand* et *Jeanne de Laval,* veuve de Bertrand Du Guesclin. L'aîné de ses enfants, Guy, sire de Gâvre, âgé de vingt ans, tombe dans un puits, au bas de la grande rue de Laval, en 1403, en jouant à la paume, et meurt des suites de cette chûte. Anne de Laval, sa sœur, devient héritière et épouse, en 1404, Jean de Montfort, sire de Kergorlay.

Guy XII mourut en 1412, âgé de plus de 80 ans. Il *avait,* selon l'expression de Pierre le Baud, *toujours aimé souverainement le bien de la France.* Il fut enterré à Clermont, où se voit encore son épitaphe.

Guy XIII. Jean de Montfort en épousant Anne, commence la troisième race de la maison de Laval. Jean, par son contrat de mariage, du 22 janvier 1404, s'engage pour lui et ses successeurs à prendre le nom, cri et armes de Laval. Il suit, en 1411, Louis II, duc d'Anjou, comte du Maine, qui va en Italie faire valoir ses prétentions sur le royaume de Naples. — Guy visite ensuite les lieux saints. En accomplissant ce pieux pèlerinage, il est atteint dans l'île de Rhodes par une maladie contagieuse. Après avoir dicté ses dernières volontés à ses chevaliers, il succombe le 9 août 1414. Les chevaliers de Saint-Jean lui firent des obsèques magnifiques dans leur église. Il laissait plusieurs enfants, entre autres : Guy, son successeur, André de Lohéac et Louis de Chastillon.

Anne de Laval, Guy XIV. Anne sa veuve, femme d'un courage plusieurs fois mis à l'épreuve, se voue dès ce moment à l'éducation de ses enfants. Ils prouvèrent dans la suite que ses soins n'avaient pas été perdus. C'était alors une des mauvaises heures de la France. Charles VI, son roi, était en démence ; les maisons d'Orléans et de Bourgogne se querellaient sans relâche à main armée, et Henri V d'Angleterre avait passé la Manche pour venir réclamer l'exécution du traité de Bretigny et la couronne de France.

Bientôt la bataille d'Azincourt (25 octobre 1415), semble lui donner raison. Une grande partie de nos villes tombe successivement en son pouvoir et Laval est du nombre (mars 1427). André de Lohéac essaye de se défendre dans le château, mais au bout de six jours il est forcé de se rendre et Anne, sa mère, qui a trouvé un refuge dans le château de Vitré, ne peut le racheter qu'au prix de 5000 écus d'or, rançon énorme, pour laquelle elle donne en gage une couronne d'or enrichie de pierreries, et qui la force à vendre la terre de Savonnières.

Rendu à la liberté, le brave Lohéac va au siège d'Orléans avec Guy, son frère, suivis d'un grand nombre de gentilshommes du Maine et de l'Anjou. — Ils s'y trouvent avec Jeanne d'Arc ; la lettre qu'ils écrivent à leur mère au sujet de cette héroïne est encore un des monuments les plus précieux de notre histoire.

Le 10 juin 1429, un mois après la levée du siège d'Orléans, Guy et André sont à Patay, en Bauce, où si bien les Français *chevauchièrent* les Anglais, que Jeanne pût, tôt après, conduire à Reims le roi Charles VII. Le sire de Laval assiste au sacre, et le jour même, Charles érige la baronnie de Laval en comté, et la distrait du comté du Maine, pour relever à l'avenir directement de la couronne.

Pendant que son seigneur est au sacre à Reims, la ville de Laval, une seconde fois, est prise par les Anglais, malgré la trêve convenue avec la dame de Laval. Au mois de septembre 1429, Raoul de Bouchet, de la Ferrière, de la Hayes et de Torcé remettent la ville sous l'obéissance du roi. Jehan Fouquet, meunier des trois moulins, introduit ces chevaliers chez lui, sous le pont. Ce poste leur donne accès dans la première enceinte, devant la porte Peinte. Au matin, pendant que les portiers sont à ouvrir la porte de la Bastille qui ferme l'entrée du pont, une troupe de gens d'armes se jette sur la garde de la porte Peinte, criant : *Notre-Dame, saint Denys !* Les Anglais, effrayés, se sauvent par dessus les murailles et abandonnent la ville. Chaque année, jusqu'à la Révolution, le 25 septembre, jour de saint Firmin, une fête célébrait l'heureuse délivrance de la ville et le courage de ses libérateurs.

Ces guerres lamentables se poursuivent encore plusieurs années. Guy et André ne cessent d'y prendre part et de combattre pour chasser l'étranger du territoire. Formigny nous venge enfin d'Azincourt ; la guerre finit, Calais reste seul aux Anglais.

Guy XIV avait épousé en premières noces (1430) *Isabeau*, fille de Jean V, *duc de Bretagne*. Devenu veuf (1442) il contracte une seconde alliance avec *Françoise de Dinan*, dame de Châteaubriand. — Fiancée d'abord au sire de Gâvre, l'aîné des fils de Guy XIV et d'Isabeau, qu'elle avait aimé, et auquel elle avait écrit qu'elle serait toujours prête à l'épouser, Françoise avait été enlevée par Gilles de Bretagne, frère du duc Pierre II. Après la fin tragique de ce jeune seigneur à la Hardouynaye (1450), elle consent, pour sortir de la captivité où la retient le duc, son beau-frère, à donner sa main à Guy XIV, père du sire de Gâvre. Des fêtes magnifiques célèbrent à Laval l'entrée du seigneur avec sa femme, amenant avec eux André de Lohéac, marié depuis peu avec la fille du célèbre Gilles de Raiz.

La paix fait renaître le commerce à Laval. Marchands, bourgeois et gentilshommes, obligés de prendre les armes pour la défense du sol, rentrent dans leurs foyers. Laval s'agrandit et commence à sortir de l'enceinte de ses murs. A l'intérieur, le vallon ou ravin, séparant vers le midi le château de la muraille d'enceinte, se remplit de maisons qui forment la Grande rue et la rue de Chapelle.

Anne de Laval meurt à l'âge de 85 ans au château de Laval, le 28 janvier 1465. Elle avait, après la destruction de son château de Monisurs par les Anglais, réuni le chapitre des Trois-Maries à celui de Saint-Tugal de Laval. La mort l'empêcha de terminer les grands travaux qu'elle avait entrepris pour l'embellissement de l'église du chapitre. Les ruines de ces constructions, connues sous le nom de l'*Edifice,* se voient encore aujourd'hui. — Guy passa ses dernières années à Châteaubriand et y mourut le 2 septembre 1486. Ses funérailles furent faites avec pompe à Saint-Tugal par le cardinal de Luxembourg, évêque du Mans. Pendant sa vie, Guy avait été comblé par nos rois de grands honneurs; des privilèges considérables avaient été attachés à son comté en récompense de ses services. Il eut plusieurs enfants, entre autres Guy XV, son successeur, et Jeanne, *la Reine des tournoys,* qui épousa *René, duc d'Anjou.*

Guy XV. Ce seigneur, qui pendant sa jeunesse avait suivi la carrière des armes, habitait depuis plusieurs années le château de Laval, que son père lui avait abandonné. Il aimait la ville de ses ancêtres et il aida généreusement les habitants du faubourg du Pont de Mayenne à la construction d'une nouvelle église, destinée à remplacer pour eux celle du prieuré de Saint-Melaine, beaucoup trop éloignée. Le nouvel édifice fut consacré en 1521 et mis sous l'invocation de saint Vénérand, dont Guy avait donné des reliques qu'il possédait à sa terre d'Acquigny. — Le comte de Laval réalisa, dans le même temps, une dernière volonté de sa mère, Isabeau de Bretagne, en appelant à Laval les religieux Dominicains. La première pierre de leur couvent fut placée le 9 septembre 1489.

Guy avait été élevé avec Louis XI encore Dauphin, qui. devenu roi, lui conserva toujours ses bonnes grâces et le maria, en 1462, avec *Catherine d'Alençon*, fille de Jean Ier, duc d'Alençon. Il lui permit aussi d'écarteler son écu des armes de France.

Louis XI, en mourant, nomme sa fille aînée, Anne de Baujeu, régente. Une ligue se forme bientôt contre elle. Le duc de Bretagne, François II, est un de ses principaux chefs et ses Etats deviennent comme la place d'armes des mécontents. — Guy XV, fidèle à la monarchie, livre au roi sa ville de Vitré, au grand déplaisir des habitants, *bons Bretons,* humiliés de se voir au pouvoir des Français sans coup férir.

Pendant cette guerre, Charles VIII séjourne à Laval avec sa sœur Anne de Baujeu. La Trémoille, à la tête d'une armée, était en Bretagne pour combattre les princes. Leur défaite, à Saint-Aubin-du-Cormier (1488), mit fin à la guerre. Le duc de Bretagne en mourut de chagrin peu après. Charles VIII, par un coup de haute politique, recherche et obtient la main d'Anne, fille aînée de François II, héritière du duché et déjà fiancée à Maximilien, roi des Romains. Cette union célèbre eut lieu à Langeais, le 26 décembre 1491.

Guy XV mourut le 28 janvier 1500. On peut le considérer comme le premier restaurateur du château de Laval, dont il fit sa résidence habituelle. L'exhaussement du côté qui domine la rue du Val-de-Mayenne, avec les fenêtres à menaux en croix, indique bien son époque, de même que la partie qui domine la Grande rue. Il fut le fondateur du couvent du *Tiers-ordre de saint François,* que l'on nommait *Patience.*

Guy XVI. Guy XV ne laissait point d'enfants. Nicolas, seigneur de la Roche-Bernard, son neveu, lui succéda et s'en montra digne. Il s'était distingué en Italie, où il avait suivi le roi Charles VIII. A Lyon, il avait brillé dans les pas d'armes et dans les fêtes données par la cour, en attendant l'arrivée de l'armée. Dans un tournois, il fut le chef du parti de la reine Anne, qui le protégea toujours en mémoire de l'attachement que son père avait constamment montré à la Bretagne. Il dut à cette faveur son union avec *Charlotte d'Aragon,* princesse de Tarente, fille de Frédéric III, roi de Sicile. Après avoir perdu ses Etats, il était venu mourir à Tours, et Charlotte était restée à la cour. Le mariage fut célébré à Lyon (27 juillet 1500), *et furent faits d'étranges tournoys et les lices tendues de drap de soie en la place de Grenette.* C'est de cette alliance que sont venus les droits de la maison de Laval sur le royaume de Naples et la principauté de Tarente : cet avantage est le seul qu'elle retira d'une alliance qui l'unissait à tous les souverains d'Europe.

Au mois de février suivant, le comte et la comtesse arrivent à Laval ; leur entrée fut magnifique, une foule nombreuse se porta à leur rencontre. La comtesse entrait seule, dans une litière, son mari lui laissant les honneurs de la fête. Un ange, mu par des machines, vint lui présenter les clefs de la ville. Le vin coulait dans tous les carrefours. Au puits Rocher, une troupe d'enfants, *bien accordés,* lui fit entendre, sur un *air d'ancienne forme,* une chanson que le chroniqueur Le Doyen composa pour la circonstance :

Noble princesse, contesse de Laval,
La bien venue, pour nous garder de mal,
A vous se rendent voz humbles serviteurs,
Car pour contesse ne pouvons avoir mieulx.

Fille de Roy, Charlote d'Aragon,
La bien venue soys de Laval Guyon,
De votre entrée tout le peuple est joyeulx,
Tous actendans qu'ilz leur en sera mieulx.

Aussi estes de lignée saincte extraicte,
Et de Savoye, c'est chose manifeste.
Estes issue du noble sang royal ;
Pour vostre entrée il est feste à Laval.

Grâces, louenges, nous en debvons à Dieu
Qu'espousé es le seigneur de ce lieu.
Fruict et lignée vous doint le Roy des Cieulx.
Et votre peuple en sera moult joyeulx.

Les joûtes, tournois, passes d'armes étaient les occupations de la noblesse durant la paix. Le comte de Laval excellait dans ces exercices ; il avait fait construire, dans la vallée de *Panlivard*, des lices où il rompait des lances avec les seigneurs que ces jeux attiraient à Laval. Il brilla par son adresse aux fêtes que la cour donnait à Bloys, au mois de décembre 1501. Dans le tournoi qui était fait en la grande cour du château, devant le donjon, *étaient tenants : Monsieur de Laval, Monsieur de Rochepot*, etc., *et audit tournoys fut jousté les premiers jours un grand appareil, qui fut chose belle à voir. Les autres jours hors lices, à l'espée et à la barrière, là où furent faites plusieurs belles appertises d'armes, et avait Monsieur de Laval un grand more* (*cheval noir*), *qui le menait sur les rangs* (Fleurange).

Charlotte d'Aragon mourut à Vitré, en 1506, laissant entre autres enfants Catherine, qui épousa Claude de Rieux, et Anne, mariée à François de La Trémoille. Ces deux alliances sont les souches des deux dernières races de Laval. Guy épousa, en secondes noces, *Anne de Montmorency*, morte au château de Compers, commune de Concaret, près Rennes, en 1525, lui laissant Claude pour héritier. D'un troisième mariage avec *Antoinette de Daillon*, il ne resta qu'une fille, mariée à Gaspard de Coligny.

Le séjour du seigneur à Laval était pour la ville un temps d'animation. Aux joûtes succédaient les *mystères* et *moralités* ; *la Nativité, le Bon Pèlerin, le Sacrifice d'Abraham*, etc., se représentaient dans les carrefours et sur les places. Dans les prairies de Bootz avait lieu le beau et remarquable mystère de *Sainte Barbe*, pour lequel voir de hauts seigneurs de la cour vinrent à Laval.

En 1508, Guy avait commencé, sur la Motte, devant *le château*, un nouveau palais, achevé par son successeur Guy XVII, qui y fit mettre ses armes et celles de Claude de Foix, son épouse.

La rivalité des maisons de France et d'Autriche ranime la guerre en Italie. Le comte de Laval y perd François, son fils aîné, à l'attaque de la Bicoque, maison de plaisance du duc de Milan. Lui-même meurt à la Gravelle, d'un coup de pied de cheval, le 25 maï 1531.

Son corps fut apporté à Laval, où on lui fit de superbes obsèques. Guillaume Le Doyen décrivit en vers cette cérémonie, et son récit, inséré dans le manuscrit de sa Chronique rimée, fut même imprimé à part à Angers. Guy fut surnommé le *Grand-Guyon* ; il aimait les savants et la vérité lui plaisait au-dessus de tout. Il attribuait l'hérésie, qui commençait à faire des progrès, à la mollesse *des grands clercs du monde*, disant : *Qu'ils disputaient des livres, mais qu'ils ne savaient vivre.* Il punissait les blasphémateurs de sa maison, en leur faisant, pour la première fois, boire une tasse pleine d'eau ; la seconde, en les mettant en prison.

Guy XVII. Claude succède à son père et prend le nom de Guy XVII. Il n'avait que dix ans, et fut élevé près de son oncle, Jean de Châteaubriand et de Françoise de Foix, sa femme, si connue sous le nom de *Comtesse de Châteaubriand*, et qui fit épouser à Guy, sa nièce *Claude de Foix*. Le comte de Laval parut avec avantage à la cour de François Ier. Dès 1537, il débuta dans les armes, Le roi, satisfait de son courage, l'émancipa le 3 octobre 1538. Grand et magnifique, étant à Bruxelles, il paya des tapisseries un prix que l'empereur avait refusé comme trop élevé.

Son entrée avec sa femme dans Laval, le 1er mai 1541, surpassa tout ce qu'on avait encore vu de plus merveilleux dans notre ville. Les rues étaient décorées d'arcs de triomphe, le vin coulait des fontaines, des lavandiers, vêtus de toiles blanches, et des teinturiers représentant des maures, couverts de taffetas noir, parurent faire plaisir aux nobles visiteurs. Trois chariots portaient les filles des plus notables bourgeois de la ville, somptueusement vêtues ; mais ce qui surtout l'emportait en magnificence, c'étaient les bagues, les joyaux, dont les bourgeois s'étaient parés, — plusieurs même avaient orné leurs pourpoints de *pièces d'or*. On fut étonné de cette somptuosité. Il en fut question à la cour. On jugea qu'il y avait à prendre chez des bourgeois étalant un tel luxe. L'année suivante, pour prix de leur vanité, nos pères subirent une augmentation de tailles.

Mais la guerre mit bientôt un terme aux brillants passe-temps du comte Guy. Henri VIII, au nord, Charles-Quint partout ailleurs, poussent la France aux abois. Le Roi-chevalier défend son royaume à la tête de sa noblesse. Le comte de Laval est toujours au premier rang.

François Ier meurt (31 mars 1547). Diane de Poitiers succède à la duchesse d'Étampes. Guy de Laval, attaché à cette dernière, perd la faveur dont il jouissait sous le dernier règne. Il meurt à Saint-Germain-en-Laye, à peine âgé de 27 ans, de découragement, selon les uns, d'une pleurésie, selon les autres. Quelques auteurs disent même que, jouant à la paume avec le roi, il se laissa emporter à des paroles trop vives, et fut frappé par Henri II d'un coup de dague dont il mourut sur-le-champ. Ses obsèques furent faites à Laval; il fut le dernier des Montfort; Claude, sa veuve, se remaria au vicomte de Martigues.

Les guerres d'Italie ranimèrent en France le goût des arts et des lettres. La découverte récente de l'imprimerie contribua aussi au nouvel essort de l'esprit humain. Laval prit part à ce grand mouvement ; l'intérieur de la cour de la prison, ancien palais de nos seigneurs ; le palais de justice, achevé par Guy XVII, vers le milieu du XVIe siècle ; enfin, la belle maison du haut de la Grande rue, toute mutilée qu'elle est, avec ses colonnettes, ses rinceaux et ses figures en ronde bosse, l'attestent encore aujourd'hui.

Guyonne de Rieux. Guy XVIII. Renée, fille de Catherine de Laval et de Claude de Rieux, hérite de Guy XVII, son oncle, et fait la branche des *de Rieux et Coligny*. On l'appela Guyonne. Son mari, *Louis de Sainte-Maure*, marquis de Neelle, comte de Joigny, prit le nom de Guy XVIII. La vie de Guyonne ne fut qu'une suite de procès et de querelles avec son époux. Elle refuse d'obéir à l'arrêt qui la condamne à rentrer au domicile conjugal, qu'elle a abandonné. Le comte obtient du Pape Paul IV une bulle d'excommunication *par défaut de ménager avec son mari*. Guyonne ne fait qu'en rire et dit : *Si le Pape m'excommunie, je n'en serai pas plus noire*. Elle se jette alors dans les idées de Réforme que d'Andelot, son beau-frère, avait apportées en Bretagne. Accusée d'avoir pris part à une tentative d'enlèvement du jeune roi, avec le prince de Condé et l'amiral de Coligny, Guyonne est condamnée à être décapitée, à avoir ses biens saisis et ses armes traînées à la queue d'un cheval par les rues de Paris.

Elle vient se réfugier dans son château de Laval. Les habitants, attachés à leur foi, inquiets de sa présence, firent une procession générale pour demander l'extirpation de l'hérésie. Comme aux jours les plus solennels de la Fête-Dieu, la procession parcourt, avec le saint Sacrement, toutes les rues de la ville, suivie d'une foule de peuple. On vint jusqu'à la porte du château, où Guyonne était malade. Elle vit dans cette démonstration une atteinte à sa personne et mourut de contrariété le même jour,

13 décembre 1567. Par égard pour son nom, malgré l'erreur dans laquelle elle mourait, on l'enterra au tombeau de ses pères, à Saint-Tugal.

Les biens de la comtesse, qui avaient été confisqués, ne furent rendus qu'après les édits de pacification. Depuis qu'elle avait embrassé le calvinisme, on la nommait *Guyonne la Folle*.

Les Lavallois profitèrent de cette confusion pour se donner des institutions nouvelles. Quoique leur ville fût seigneuriale, ils adoptèrent les édits de Charles IX et se firent, en 1566, une administration municipale.

Guy XIX. Guyonne ne laissait point d'enfants ; *Paul de Coligny*, son neveu, lui succède. D'Andelot, son père, l'avait élevé dans le protestantisme. Après la Saint-Barthélemy, il s'effraya de la mort de l'amiral de Coligny, son oncle, qui avait pris soin de son éducation à la mort de son père, et il se retira à Genève. Il se rendit ensuite à la cour de la reine d'Angleterre, où il fit un long séjour.

Il ne reparut à Laval qu'en 1576 ; sa présence ne changea point les sentiments religieux des habitants. Mais les événements multipliés de ces temps de troubles ne lui permirent, du reste, que de rares séjours dans la ville de ses ancêtres. Il avait accompagné en Angleterre François, duc d'Anjou, qui se berçait de l'espoir d'épouser la reine Elisabeth. En 1582, il le suivit en Hollande, auprès de Guillaume d'Orange. Assistant au festin où le Stathouder fut assassiné par Jean Jaureguy, il parvint à arrêter le meurtrier. Guy refuse de seconder le duc dans son entreprise sur Anvers et, profitant des édits de pacification, il revient en France où, en 1583, il épouse Anne d'Allègre. Dans la guerre qui fut dite des trois Henri, Laval prit le parti du roi de Navarre, depuis Henri IV. Avec Condé, Rohan et Turenne, il formait le grand conseil du prince.

Nous ne pouvons suivre ici le comte de Laval au milieu des mille épisodes de ces guerres lamentables. Il y bravait la mort tous les jours ; il dut enfin l'y trouver. Le 7 avril 1586, près de Saintes, Condé se trouvait aux prises avec un parti de catholiques. Il fait avertir Laval qui accourt avec un renfort. Il voit Condé très engagé et franchit un fossé qui le séparait de l'ennemi. Il rompt les rangs et se fait jour jusqu'à l'enseigne qu'il enlève. Après un combat meurtrier, les catholiques sont mis en déroute. De Rieux et de Sailly, frères du comte de Laval, moururent de leurs blessures à la suite de ce combat. Tanlay, le troisième de ses frères, venait de mourir de maladie à Saint-Jean-d'Angely. Le comte, blessé et accablé de la mort de ses frères, succomba le lendemain de cette rencontre. Il fut, ainsi que ses frères, enterré à Taillebourg.

Guy mourut dans la religion réformée ; sa mort prématurée

arrêta un avenir qui donnait les plus grandes espérances à son parti ; il était âgé seulement de 30 ans et ne laissait qu'un fils, né en 1584.

Guy XX. La minorité de Guy XX et les troubles religieux dont la France fut agitée, ne firent qu'augmenter la confusion qui régnait dans la maison de Laval. Le jeune comte fut emmené à Sedan pour le soustraire aux édits portés contre les religionnaires. Il profita des leçons qu'il reçut et possédait les langues grecque, latine, espagnole, italienne et allemande. La guerre civile désolait nos provinces ; catholiques et huguenots se disputaient les villes du comté de Laval.

Henri IV, après avoir pris le Mans sur Bois-Dauphin, vient à Laval le 7 septembre 1589. L'Hôtel de ville, les différents sièges de justice, les avocats vont au-devant de lui. La foule l'escorta avec les plus vives acclamations, ne cessant de chanter : *Vive le roi, en très-bonne musique,* que lorsqu'il fut rendu au château. Le prince de Dombes, gouverneur de Bretagne, vint le trouver et lui présenta la noblesse bretonne qui reçut de Henri le meilleur accueil. Ces gentilshommes le suivaient partout, ils ne pouvaient le quitter et le pressaient tellement que le capitaine des gardes voulut les éloigner. *Laissez-les faire,* lui dit le roi, *ce n'est point d'importunité à ceux qui me ressemblent, car, tandis que je serai pressé et aimé de ma noblesse, je serai un mauvais garçon et ruinerai mes ennemis.* — Il dit à Laval, en voyant les maisons de Patience et des Cordeliers si voisines : *que l'on avait mis le feu bien près des étoupes.* Bon mot qu'on ne peut attribuer, par la réputation de régularité qui toujours recommanda les deux maisons, qu'à cette gaieté dont le Béarnais ne se départit jamais. Il laissa le marquis de Villaines gouverneur de Laval.

L'armée du roi, sous la conduite des princes de Dombes et de Conti, est battue et forcée par Mercœur et du Plessis de Cosmes de lever le siège de la ville de Craon (1592). Le siège avait été décidé dans un conseil de guerre, tenu à Laval, auquel avait assisté La Courbe de Brée qui révéla les plans des princes. Laval et un grand nombre de places du Maine quittent, après ce siège, le parti du roi, mais bientôt son abjuration décide un grand nombre de villes en sa faveur ; Laval fait sa soumission au maréchal d'Aumont, le 27 avril 1594. — L'édit de Nantes, 13 avril 1598, rend la paix à la France après trente-huit années de guerres civiles.

Pendant ce temps, le jeune comte de Laval avait atteint sa majorité. Son goût l'entraîne à la guerre. Il se dérobe à la garde de sa mère, et va faire ses premières armes dans les Pays-Bas, sous les ordres du comte Maurice de Nassau. Le 19 août 1604, il est à la prise du fort de l'Ecluse. A son retour, le roi lui donne le titre de conseiller d'Etat. A la fin de cette année, il va à Rome et reçoit un accueil distingué du Pape, qui le décide à rentrer au sein de l'Eglise ; il fait abjuration, malgré sa mère et ses co-religionnaires.

La paix qui régnait en France ne pouvait convenir à son esprit belliqueux. Il va en Hongrie, servir l'empereur Rodolphe contre les Turcs, et rejoint l'armée impériale devant Comore, sur le Danube. Le 3 décembre 1605, l'ennemi se jette à l'improviste sur le camp. Le jeune comte se revêt à la hâte de ses armes et ne donne pas le temps à ses valets d'attacher sa cuirasse. Une balle le frappe au bas-ventre, au défaut de l'armure, et lui fait une lésion aux boyaux. Sa blessure ne l'arrête pas dans sa poursuite ; après une course d'une lieue, le voyant chanceler, on le couche sur la terre, où il expire. *Bien heureux,* dit un ancien auteur, *de finir au lit qu'on appelle d'honneur, bien heureux encore de laisser à la postérité cette louable mémoire, de n'avoir jamais donné sujet à personne de se plaindre de lui.*

Son corps, rapporté à Laval, fut le sujet d'un long procès entre les Jacobins et les chanoines de Saint-Tugal. Par transaction entre les parties, le corps fut déposé dans l'église des Jacobins et le cœur à Saint-Tugal. — La sépulture n'eut lieu qu'en 1609.

Anne d'Allègre, sa mère, remariée, après la mort de son fils, au maréchal de Fervaques, mourut à Paris en 1619 ; elle professait la religion réformée. Son corps fut rapporté à Laval. Les chanoines de Saint-Tugal lui refusèrent la sépulture et on l'enterra dans la chapelle du château.

Guy XXI. Avec Guy XX, s'éteint la branche de Rieux de Coligny. *Henri de la Trémoille,* fils de Claude et de Charlotte Brabantine de Nassau d'Orange, duc de Thouars, et arrière-petit-fils d'Anne de Laval, fille de Guy XVI et de Charlotte d'Aragon, hérita de la Maison de Laval, à l'âge de six ans. Laval cesse d'être la résidence des seigneurs, ils ne viennent plus que de loin en loin visiter leurs vassaux.

Le 23 août 1608, Henri arrive à Laval avec sa mère et son frère. Après avoir mis le feu à une *charibaude* ou *chalibaude* (feu de joie), on porte le jeune seigneur au château où on lui présente les jeunes enfants des maisons riches de la ville, au nombre de trois cents. Son entrée lors d'une seconde visite, qu'il fait en 1615, fut plus solennelle. *Au faubourg Saint-Martin, était un boucaige avec un écho fort plaisant.* Une musique était placée sur une estrade à la porte Renaise, une autre, composée de *trompettes avec les quatre parties d'instruments,* était à l'entrée de la place publique. *Six enfans du collège dans la rue Renaise lui déclamèrent bravement des pièces de poésies.*

Henri épousa, en 1619, *Marie de La Tour,* fille de Henri de La Tour, duc de Bouillon, prince de Sedan. Au mois d'août

1623, il vient avec sa femme à Laval. Les habitants, toujours ingénieux à fêter leur seigneur, lui font une splendide réception.

La Rochelle était le dernier refuge des réformés, Louis XIII y met le siège. La ville de Laval envoie à l'armée du roi vingt-cinq pionniers, ils partent le 25 février, portant la livrée bleue de l'élection, avec des lettres sur leurs casaques. Le comte de Laval, quoique protestant, n'avait point pris les armes ; le cardinal de Richelieu le ramena au sein de l'Eglise catholique ; le pape Urbain VIII lui adressa un bref de satisfaction de sa conversion et la ville de Laval célébra le retour de son seigneur à l'Eglise par de grandes fêtes. Le 23 juillet 1628 il y eut des feux de joie et le mardi suivant il se fit une procession générale aux Cordeliers.

Comblé dès lors de faveurs à la cour, le duc de La Trémoille accompagne le roi Louis XIII dans ses diverses expéditions. — En 1648, avec l'agrément de la reine régente, il présente au congrès de Munster, où les plénipotentiaires de l'Europe travaillaient à la paix générale, un Mémoire pour soutenir les droits de son aïeule, Catherine d'Aragon, sur le royaume de Naples, occupé par Philippe IV, roi d'Espagne. Ce Mémoire, rédigé par le ministre Blondel, en 1647, fut imprimé à Paris l'année suivante, sous ce titre : *De Regni Neapolitani jure pro Tremollio duce ;* les exemplaires en sont fort rares. Le titre est orné d'un magnifique écusson des seigneurs de La Trémoille, avec deux anges pour supports. Il est inutile d'ajouter qu'Henri de La Trémoille en fut pour ses frais d'impression ; ce qui n'empêcha pas ses descendants de prendre le titre de *princes de Tarente* et d'adresser constamment leurs réclamations dans le sein de tous les congrès qui se tinrent en Europe dans le cours des XVIIe et XVIIIe siècles. Mais, tout puissants seigneurs qu'ils fussent, les seigneurs de Thouars et de Laval ne pouvaient lutter avec les successeurs de Charles-Quint. Le duc mourut à Thouars, le 21 janvier 1674, regretté de ses nombreux vassaux dont il s'était toujours montré le père.

Guy XXII. Louis-Maurice de La Trémoille, second fils de Henri de La Trémoille et de Marie de La Tour, fut seigneur de Laval après son père. Il suivit d'abord la carrière des armes et servit en Piémont, en 1642 ; l'année suivante, il fit campagne sous le duc d'Enghien. Il voulut ensuite embrasser l'état ecclésiastique et prit l'habit des prêtres de l'Oratoire. Son frère aîné était en Hollande, au service des Etats, près le prince d'Orange. Henri, leur père, craignant un défaut d'héritiers, obtint du Pape défense aux Pères de l'Oratoire de laisser Maurice entrer dans les ordres sans le consentement de son père. Lorsque la guerre fut finie et son frère marié, il reçut les ordres sacrés. Louis-Maurice de La Trémoille fut reçu, par procuration, doyen du chapitre Saint-

Tugal, le 18 juillet 1678, et succéda à Isaac Hay. Comme fondateur il donna 100 livres et 1000 livres à employer en ornements, pour être dispensé de la *rigoureuse* ou stage, sans que cette remise pût, à l'avenir, tirer à conséquence. Le roi lui donna l'abbaye de Charroux, en Poitou, vacante par la démission de Jules Mazarin, et celle de Talmond, où il mourut, en 1681.

Guy XXIII. Il eut pour successeur à Laval *Charles-Belgique-Hollande,* son neveu, fils aîné de Henri-Charles, prince de Tarente, et de Emilie de Hesse-Cassel. Ce jeune prince était né à la Haye, en mai 1655, et son père s'adresse ainsi à lui dans ses Mémoires : *Vous eûtes pour parrain le Roi de Suède, les Etats généraux des Provinces-Unies et les Etats particuliers de la province de Hollande.... Vous fûtes gratifié par les Etats généraux d'une pension viagère de mille livres, et d'une autre de six cents livres par les Etats particuliers de la province de Hollande. Elles furent toutes deux apportées à votre mère, par des députés, dans des boîtes d'or.*

Charles servit avec éclat sous Condé et sous Turenne. — Plusieurs fois il visita sa bonne ville de Laval et y fonda de pieuses et sages institutions, de concert avec *Magdeleine de Créqui,* qu'il avait épousée en 1675. Il passa, du reste, presque toute sa vie à la cour brillante de Louis XIV et mourut à Paris le 1er juin 1709.

Guy XXIV. Son fils, *Charles-Bretagne de La Trémoille,* lui succède. Du vivant de son père, il s'était distingué dans les batailles de Friedlingen et de Malplaquet. Il fréquenta beaucoup la cour, épousa, en 1706, *Marie-Magdeleine de La Fayette,* et fut enlevé par une fièvre maligne le 9 octobre 1719, n'ayant encore que 37 ans..

Guy XXV. Charles-Armand lui succéda et épousa, en 1725, *Marie-Hortense de La Tour-d'Auvergne.* Au gouvernement de Guy XXV se rattache la création d'une mairie élective à Laval. Jusqu'alors les fonctions de maire avaient été exercées par le juge civil, qui était à la nomination du seigneur, aussi le comte de Laval résista-t-il longtemps au désir des habitants d'élire eux-mêmes leur maire et les autres officiers municipaux. Ils choisissent pour premier maire, en 1733, M. Hardy de Levaré. Pour assurer l'indépendance des assemblées, qui se tenaient au château, M. de Levaré, homme intègre, fit l'acquisition de l'hôtel de Muë, où il établit l'Hôtel de ville. Nous avons vu abattre cette maison, pour l'agrandissement de la place de la Chiffolière, dans ces dernières années.

Guy XXV était un seigneur de beaucoup d'esprit et il fut, pendant plusieurs années, honoré de l'amitié intime du roi Louis XV. — Il était premier gentilhomme de la chambre et membre de l'Académie française. Il mourut, le 23 mai 1741, victime d'un dévouement conjugal, qui lui fit trouver la mort à l'âge de 33 ans, s'étant enfermé dans la chambre de sa femme afin de lui persuader qu'elle n'était point atteinte d'une maladie contagieuse qu'elle craignait. Il succomba frappé de cette maladie.

Guy XXVI. Jean-Baptiste-Charles-Godefroy, né en 1737, succède à son père dans tous ses titres. Il épousa, en 1751, *Marie-Geneviève de Durfort-Lorges,* dont il n'eut pas d'enfants et qu'il perdit en 1762. Le 24 juin 1763 il se remaria à *la princesse de Salm-Kirbourg,* qui mourut en émigration, à Nice, en 1790. Lui-même mourut peu après à Chambéry, le 15 mai 1792.

De la princesse de Salm il avait eu quatre fils, dont l'aîné, connu sous le nom de *duc de La Trémoille,* est mort en 1839, laissant de sa troisième union, contractée en 1830 avec V. E. J. de Serrant, un fils, *Charles-Louis,* né en 1837, seul rejeton mâle de cette illustre maison.

Le second, *Antoine-Philippe,* conquit une gloire immortelle sous le nom de *prince de Talmont ;* nous en reparlerons tout à l'heure.

Le troisième, *C. G. Auguste,* prince, abbé de La Trémoille, frère jumeau du précédent, périt sur l'échafaud, à Paris, le 15 juin 1794.

Le quatrième, enfin, *L. Stanislas-Kostka,* prince de La Trémoille, est décédé en août 1837 ne laissant que des filles.

Le prince de Talmont, né à Paris en 1765, avait été élevé dans la mollesse de la cour. A peine l'heure de la Révolution eût-elle sonné, que dépouillant l'habit du courtisan et tirant du fourreau l'épée de ses pères il l'offrit à la défense du trône. — Il fit la première campagne du Rhin avec le comte d'Artois ; mais son vrai rôle ne commence qu'au jour où, après mille aventures, il arrive à l'armée vendéenne au moment où elle s'emparait de Saumur et d'Angers. *C'était,* dit Mme la marquise de La Rochejaquelein dans ses Mémoires, *un jeune homme de vingt-cinq ans, de cinq pieds dix pouces et d'une très-belle figure... Il était brave, loyal, complètement dévoué, d'un bon caractère... Il fut reçu avec satisfaction, on s'applaudissait d'avoir dans les rangs de l'armée un homme d'un aussi beau nom, dont la famille était depuis si longtemps presque souveraine en Poitou. M. de Talmont fut nommé sur-le-champ général de la cavalerie.* C'est en cette qualité que le jeune prince prit part, jusqu'à sa mort, à tous les grands combats de la Vendée. Sa plus belle journée fut celle de Dol ; M. de La Rochejaquelein et toute l'armée se plurent à répéter cette vérité que l'armée lui dut son salut.

Sa mort fut héroïque. Peu de jours après le désastre du Mans il errait, déguisé, aux environs de Fougères, lorsqu'il fut arrêté, dans la nuit du 27 au 28 décembre 1793, par une patrouille de la garde nationale de Bazouges. Conduit à Fougères, on le mène devant le général Beaufort. Otant alors le bonnet de laine qui cachait une partie de sa belle figure : *Je suis*, dit-il, *le prince de Talmont, soixante-huit combats livrés dans six mois à la République, m'ont familiarisé avec la mort; faites seulement qu'elle soit prompte.*

Garnier, de Saintes, se hâte d'instruire la Convention. « *L'ex-prince de Talmont*, écrit-il, *vient d'être arrêté.... Le Capet des brigands, le souverain du Maine et de la Normandie mérite bien de figurer sur le même théâtre que son ancien confrère....* » Il est transféré à Rennes. Esnue La Vallée l'interroge. Talmont lui jette ces paroles pour toute réponse : *Fais ton métier, moi, j'ai fait mon devoir*. Le prince est dirigé sur Vitré, où la commission militaire le condamna à mort le 25 janvier 1794 (7 pluviôse, an II). Par un raffinement de barbarie qu'ont flétri tous les partis, l'exécution de Talmont se fit à Laval, en face même du château de ses pères. Ce fut le soir du 27 janvier, à la lueur de quelques flambeaux qui ajoutait encore à l'horreur de cette tragique cérémonie.

Le 2 février suivant, Enjubault de La Roche, régisseur du prince, subissait le même sort. Son interrogatoire prouvait *qu'ayant été agent du ci-devant duc de Talmont, il avait tenu sous le joug de l'oppression le peuple qu'il avait capté, au point d'avoir toujours eu des places et fonctions publiques depuis le commencement de la Révolution.*

Avec Enjubault, on guillotinait aussi C. M. Jourdain, administrateur du département de la Mayenne. *Toute sa conduite physique et politique n'avait démontré en lui qu'un des traîtres les plus marqués à la patrie, qu'un ennemi le plus perfide du doux système républicain.*

La tête du prince de Talmont et celle d'Enjubault furent exposées sur deux piques, à la porte du château. Celle de Jourdain fut envoyée à Ernée, où elle fut mise devant la porte de la maison du district. Le menton de M. de La Roche, enlevé par le couteau de la guillotine, fut remplacé par un autre en fer-blanc. Laval était dans la stupeur ; on évitait la place du château.

Le prince de Talmont avait épousé, le 3 janvier 1785, H. L. F. Angélique d'Argouges, dont il n'avait eu qu'un fils, Léopold, né en 1787 et mort en 1815. Celui-ci avait épousé L. F. M. Maclovie de Durfort-Duras, dont il n'avait point eu d'enfants, et qui, en 1829, se remaria au comte Auguste de La Rochejaquelein, frère cadet de *Monsieur Henri*.

Ici se termine l'histoire de la seigneurie et comté de Laval. Les héritiers de J.-B.-C. Godefroy, duc de La Trémoille, ont successivement aliéné leurs domaines de Laval, auquel pour eux s'attachait désormais la mémoire de si lugubres souvenirs.

Rien ne reste plus dans notre ville de nos seigneurs que leur château mutilé ; leur nom y est presque oublié. Le nom de *Béatrix*, tout récemment donné à un de nos quais, est un tribut de reconnaissance pour celle qui nous apporta des richesses. D'autres noms peuvent encore faire connaître aux populations que la cité possède des illustrations dignes de son souvenir. La statue d'Ambroise Paré attend son pendant sur une de nos places publiques, élevons-y celle d'*André de Laval-Lohéac*, ce type si pur de la chevalerie française, le compagnon d'armes de Richemont, de Loré et de la *Pucelle*. Dans ce frère de Guy XIV, semblent se résumer toutes les qualités qui ont porté si haut le nom de nos anciens châtelains, *honneur, bravoure et loyauté*.

958. — Imprimerie Auguste GOUPIL, Laval.

www.ingramcontent.com/pod-product-compliance
Ingram Content Group UK Ltd.
Pitfield, Milton Keynes, MK11 3LW, UK
UKHW020353250726
13967UKWH00005B/2266

9 782012 893733